AF152716

BEI GRIN MACHT SICH IHR WISSEN BEZAHLT

- Wir veröffentlichen Ihre Hausarbeit,
  Bachelor- und Masterarbeit

- Ihr eigenes eBook und Buch -
  weltweit in allen wichtigen Shops

- Verdienen Sie an jedem Verkauf

Jetzt bei www.GRIN.com hochladen und kostenlos publizieren

Katharina Giers

Anfangssituationen - Die Soziodynamik von Anfangssituationen

GRIN Verlag

Bibliografische Information der Deutschen Nationalbibliothek:

Die Deutsche Bibliothek verzeichnet diese Publikation in der Deutschen National-
bibliografie; detaillierte bibliografische Daten sind im Internet über http://dnb.d-
nb.de/ abrufbar.

Impressum:

Copyright © 2007 GRIN Verlag GmbH
Druck und Bindung: Books on Demand GmbH, Norderstedt Germany
ISBN: 978-3-656-05766-6

Dieses Buch bei GRIN:

http://www.grin.com/de/e-book/114684/anfangssituationen-die-soziodynamik-von-
anfangssituationen

GRIN - Your knowledge has value

Der GRIN Verlag publiziert seit 1998 wissenschaftliche Arbeiten von Studenten, Hochschullehrern und anderen Akademikern als eBook und gedrucktes Buch. Die Verlagswebsite www.grin.com ist die ideale Plattform zur Veröffentlichung von Hausarbeiten, Abschlussarbeiten, wissenschaftlichen Aufsätzen, Dissertationen und Fachbüchern.

Besuchen Sie uns im Internet:

http://www.grin.com/

http://www.facebook.com/grincom

http://www.twitter.com/grin_com

Anfangssituationen

Referat gehalten am: 23.01.2007

Seminar: Lernen und Lehren in Gruppen: Gruppenpädagogische Modelle, WS 06 / 07

„Jedem Anfang wohnt ein Zauber inne." Hesse

„Du musst sehr geduldig sein. Du setzt dich zuerst ein wenig abseits von mir ins Gras. Ich werde dich so verstohlen aus den Augenwinkeln anschauen, und du wirst nichts sagen…
Aber jeden Tag wirst du dich ein wenig näher setzen können." Saint-Exupéry

„Am Anfang war die Tat." Goethe

Verfasserin: Katharina Giers

Studiengang: Magister Germanistik, Deutsche Sprache, Erziehungswissenschaften im 7. Semester

Inhaltsverzeichnis

1.) „Aller Anfang ist schwer"

Auf den folgenden Seiten möchte ich gern mein, am 23.01.2007 bereits gehaltenes, Referat „Anfangssituationen" verschriftlichen.

Für mich persönlich war es ein sehr lehrreiches Referat, da erst die Beschäftigung mit dem Thema bewusst machte, wie schwer und folgenreich Anfänge sein können.

Einen richtigen Anfang zu finden ist eine komplizierte und schwierige Aufgabe, denn im Grunde sind die meisten von uns beim Anfangen Anfänger.

Jeder Anfang ist anders, denn er wird bestimmt von der Individualität des Gruppenleiters. Dieser lässt seine Stärken, Ängste, charakteristischen Merkmale usw. automatisiert in das Anfangsgeschehen einfließen – Anfangen ist also eine sehr persönlich geprägte Situation.

Nicht umsonst stellst Karlheinz A. Geißler in seinem Lehrbuch zum Thema „Anfangen" eine humoristische „kleine Charakterkunde des Anfangs" an den Beginn seiner Ausführungen, welche ich in meinem gehaltenen Referat als Einleitungsfolie meinem Auditorium vorstellte:

Kleine Charakterkunde des Anfangs

Der Optimist:
„So knüpfen ans fröhliche Ende
Den fröhlichen Anfang wir an." (Kotzebue)

Der Skeptiker:
Gib es ein Leben nach dem Anfang?

Der Pessimist:
This is the first day of the rest of your life.

Der Christ:
Am Anfang war das Wort. (Joh 1.1)

Der Wahlkämpfer:
Wir brauchen einen Neuanfang!

Der Weltgereiste:
In Linz beginnt`s.

Der Dialektiker:
A wie Anfang – Anfang wie A

Der Ökonom:
Der Anfang ist die Hälfte des Ganzen.

Der Altphilologe:
„Dimidiium facti, qui coepit, habet." (Horaz)

> **Der Frühaufsteher:**
> „ Wer das erste Knopfloch verfehlt, kommt mit dem Zuknöpfen nicht zu Rande."
> (Goethe)
>
> **Der Zögerer**
> Erst besinn's, dann beginn's!
>
> **Der Ignorant:**
> „Die Anfänge sind immer unschuldig und sogar scheinbar unwichtig!" (Lem)
>
> Geißler, Karlheinz A.[1]

Jeder beginnt anders – doch gewisse Richtlinien helfen uns dabei, einen Einstieg zu finden, der systematisch und folgeorientiert ist.

Getreu dem Goetheschen Motto „Am Anfang war die Tat"[2] stellte ich die Methode „gruppendynamische Übung" an den Anfang meines Referates. Aus einem riesigen Fundus an Übungen wählte ich die des „Rasenden Reporters"[3] aus, teilte selbsterstellte Arbeitsblätter aus und ließ meine Zuhörer die Übung in der Art eines kleinen Wettstreites durchführen.

asender Reporter

Aufgabe: Bewege Dich durch den Raum und befrage Deine Mitspieler. Antworten sie mit „ja" auf eine Deiner Fragen, bitte sie im Kästchen zu unterschreiben.
Der erste, der eine senkrechte oder waagerechte Linie voll mit Unterschriften gesammelt hat, ruft laut „BINGO" und ist der Gewinner dieser Übung.

Auf los, geht's los :-)

Schläfst Du lange?	Hast Du eine Katze?	Magst Du Blumen?	Fährst Du gern Auto?	Kannst Du stricken?	Schreibst Du gern E-Mails?
Rauchst Du?	Warst Du zu Deiner Schulzeit gut in Englisch?	Bist Du Langschläfer?	Trinkst Du gern Kaffee?	Lachst Du gern?	Bist du abergläubisch?
Gibst Du oft zuviel Geld aus?	Kannst Du in mindestens 2 Sprachen bis 10 zählen?	Magst Du den „Herrn der Ringe"?	Hast Du im April Geburtstag?	Machst Du gern Sport?	Studierst Du gern hier in Greifswald?

---

[1] Geißler, Karlheinz A.: Anfangssituationen. Was man tun und besser lassen sollte. 5. Auflage, Beltz, Weinheim 1993, S. 10
[2] Goethe, Johann Wolfgang: Faust. Der Tragödie erster Teil. Reclam, Ditzingen, 1986, Zeile 2016
[3] Klein, Zamyat M.: Kreative Seminarmethiden. 100 kreative Methoden für erfolgreiche Seminare. Gabal, Offenbach 2003, S. 18

Hast Du ein Fahrrad?	Hast Du eine spezielle Lieblings- farbe?	Trinkst Du gern Bier?	Hast Du eine beste Freundin/ besten Freund?	Magst Du Deinen Wecker?	Hältst Du gern Referate?
Gehst Du gern ins Theater?	Kochst du gern?	Gehst Du gern zur Uni?	Liest Du gern?	Bist Du früher gern zur Schule gegangen?	Telefonierst Du gern?
Bist du ein lustiger Gesell?	Gehst Du gern Bummeln?	Isst Du gern Schokolade?	Magst Du Pizza?	Ist Dein Lieblingstag Freitag?	Gehst Du gern ins Kino?

Folie 2

Eigentlich kann man jedoch anfangen, wie man möchte, nur muss man die Verantwortung für das, was man macht, übernehmen. Den Teilnehmern ist das Wie soweit meist egal, denn sie sehnen sich oft nur nach einem Hirten, der den Weg kennt und sie freundlich akzeptierend begleitet.[4]

Doch leider wird viel zu häufig in der Mitte angefangen oder der Anfang wird, wie in einem Buch, durch ein Vorwort verschleiert. Darum sollte man Kurt Tucholskys Ratschlag „Fangt nie mit dem Anfang an, sondern immer drei Meilen vor dem Anfang!"[5] ernster nehmen, wenn man sich mit Anfangssituationen beschäftigt, denn ein Gruppenanfang gleicht einem unbeleuchteten Raum, in dem sich alle Teilnehmer vorsichtig tastend aufeinander zu bewegen.[6]

Im Folgenden möchte ich gern noch spezieller auf diese Situation eingehen - auf die Situation, die viele Ängste und Fallen in sich bergen kann, wenn man sie undurchdacht lässt.

2.) Die Soziodynamik von Anfangssituationen

Anfangssituationen ähneln sich trotz der Verschiedenheit von Teilnehmern und Dozenten, trotz der Unterschiede in der Themenstellung, in der Zielsetzung und den räumlich-zeitlichen Bedingungen.

Der Dozent äußert sich in einer Anfangssituation zumeist vorsichtig und die Teilnehmer sind ebenso zurückhaltend, distanziert, unauffällig und beobachtend. Es entsteht eine kollektive

---

[4] Vgl. Geißler, Karlheinz A.: Anfangssituationen. Was man tun und besser lassen sollte. 5. Auflage, Beltz, Weinheim 1993, S. 11 – 14
[5] Geißler, Karlheinz A.: Anfangssituationen. Was man tun und besser lassen sollte. 5. Auflage, Beltz, Weinheim 1993, S. 13
[6] Vgl. Geißler, Karlheinz A.: Anfangssituationen. Was man tun und besser lassen sollte. 5. Auflage, Beltz, Weinheim 1993, S. 11 – 14

Stimmung, die aus gegenseitiger Fremdheit resultiert. Paradox formuliert: „Die Gemeinsamkeit der Beteiligten ist, dass sie (noch) nichts gemeinsam haben".[7]

Die Teilnehmer vermeiden verbale Kommunikation und suchen nach einer passiven Orientierung. Sie erwarten also Aktivität zur Reduktion ihrer Unsicherheiten – aber sie erwarten diese nicht von sich, nicht von ihren Mitteilnehmern, sondern vom Dozenten, dem in dieser Situation eine schwierige Aufgabe zuteil wird, denn er stellt in der noch unstrukturierten, unübersichtlichen „leeren Situation" den zentralen, deutlich sichtbaren, institutionell herausgehobenen Orientierungspunkt dar. Alle Erwartungen werden auf ihn gerichtet und seine Aufgabe ist es, sich dieser bewusst zu werden. Auch wenn sich ein Dozent gern als „Gleicher unter Gleichen" versteht – er ist es nicht. Er ist vorerst der einzige Prominente, er steht im Mittelpunkt der Erwartungen und des Geschehens.[8] Der Dozent dient als Fixpunkt, an dem sich die Teilnehmer orientieren. So würde er die Anfangskrise immens verstärken, würde er beispielsweise ein Seminar wie folgt beginnen:

> „Guten Tag meine Damen und Herren. Ich bin Ihr Teamer […]. Wir sind hier zusammen die nächsten fünf Tage auf einem Bildungsurlaubsseminar, d.h. wir wollen gemeinsam etwas lernen. Ich habe mit Absicht >wir< gesagt, da ich >uns< als Gemeinschaft von Lehrenden und Lernenden verstehe. Nicht nur Sie wollen lernen, auch ich will etwas lernen …"

Der gute Wille sei einem in dieser oder einer ähnlichen Art beginnenden Dozenten nicht abgesprochen, auch nicht seine demokratischen An- und Absichten. Problematisch ist jedoch, dass der Dozent dabei in einer Art und Weise handelt, die in ihrer Wirkung eher undemokratisch ist: Er nimmt den Teilnehmern ihren (einzigen) Halt, er enttäuscht die Erwartungen, er orientiert nicht, obgleich er Orientierung geben könnte.

Zu Beginn jeder Veranstaltung herrscht jedoch wie bereits erwähnt ein „inaktiver Notstand" und als Ziel gilt es, diese Unsicherheiten schnellstmöglich zu reduzieren. [9]

Gemeinsam haben alle Beteiligten einer Anfangssituation folglich ihre Unsicherheiten, Ängste und ihre Desorientierung.

Auf der Suche nach Orientierung und Halt entwickeln viele Teilnehmer mitunter Phantasien über den Leiter, die ihnen helfen, sich in ihrer Unsicherheit an etwas zu klammern. Oft handelt es sich hier um Idealisierungen und Heroisierungen.

Zur Darstellung und Verdeutlichung dieses Sachverhaltes verwendete ich in meinem Referat eine Folie mit einem Zitat von Buchinger[10]:

---

[7] Geißler, Karlheinz A.: Anfangssituationen. Was man tun und besser lassen sollte. 5. Auflage, Beltz, Weinheim 1993, S. 28

[8] Vgl. Geißler, Karlheinz A.: Anfangssituationen. Was man tun und besser lassen sollte. 5. Auflage, Beltz, Weinheim, 1993, S. 27 - 46

[9] Vgl. Geißler, Karlheinz A.: Anfangssituationen. Was man tun und besser lassen sollte. 5. Auflage, Beltz, Weinheim, 1993, S. 30 - 32

> „Je versagender der Gruppenleiter erlebt wird, desto mehr wird er mit Allmacht ausgestattet phantasiert und vergöttlicht. Weil er durch sein Schweigen die bevorstehende Aufgabe, miteinander in direkte und riskante Kommunikation zu treten, deutlich macht, wird sie als immer schon erfüllt in ihn hineinphantasiert. Er wird zum Mythos, in dem die eigenen Probleme als gelöst personifiziert werden. Weil er offensichtlich nichts tut, was man von ihm erwartet, glaubt man, dass er es geheim tut; er lenkt nicht direkt und von außen, indem er sich die Teilnehmer unterwirft, er lenkt geheim und von innen, nachdem er die Teilnehmer nach unerforschlichem Ratschlag dazu bringt, selbst das zu wollen, was er will. So wird eine symbiotische Einheit und damit Geborgenheit phantasiert, als Abwehr der realen Verlassenheit. Ja, gerade die reale Verlassenheit wird als diese Einheit gesehen."
>
> (Buchinger 1981)

Folie 3

Diese Heroisierung sollte jedoch nicht nur als negativ betrachtet werden, da sie als Werkzeug fungiert, dass die Angst vor dem ersten Zusammentreffen etwas mindert.

Kurzum werden an den Dozenten zweierlei Erwartungen gestellt: zum einen Erwartungen inhaltlicher Art und zum anderen Erwartungen, die Strukturierungsangebote betreffen. Man erwartet als Teilnehmer also, dass der Dozent initiativ wird und Beziehungen entwickelt. Beziehungen haben hier einen hohen Stellenwert und sind wichtig für die gemeinsame Weiterarbeit. Sie dienen der Orientierung und Findung im sozialen Gefüge – sie sind jedoch untrennbar an den Prozess der Selbstfindung gekoppelt. Fragen wie „Was erwartet der Dozent von mir?" und „Was erwarten die Teilnehmer von mir?" gehören zur Normalität einer Anfangssituation.

P. Sbandi hat in Frageform summarisch jene Beziehungsdefizite ausgedrückt, die zu Beginn der sich entwickelnden Gruppenprozesse bei den Teilnehmern vorhanden sind. Die Beziehungsarbeit besteht maßgeblich darin, zu diesen Fragen erfahrbare Antworten zu finden.[11] Exemplarisch habe ich versucht, diese Fragestellungen den Zuhörern meines Referates an einer Folie zu verdeutlichen:

> **a)   Bezüglich der Beziehungen jedes anderen zu einem selbst fragt sich jeder:**
> *Bin ich ihm / ihr sympathisch? Wird der andere mich akzeptieren, oder wird er mich allein lassen? Was weiß der andere von mir? ...*
>
> **b)   Bezüglich der Beziehungen der anderen untereinander tauchen folgende Fragen auf:**
> *Wer wird von wem akzeptiert? Gibt es schon Gruppen? Soll ich andere einladen? Werden die anderen meine Ansichten teilen können? Werde ich ihre Ansichten teilen können?*

---

[10] Geißler, Karlheinz A.: Anfangssituationen. Was man tun und besser lassen sollte. 5. Auflage, Beltz, Weinheim, 1993, S. 33

[11] Geißler, Karlheinz A.: Anfangssituationen. Was man tun und besser lassen sollte. 5. Auflage, Beltz, Weinheim, 1993, S. 37

Wen soll ich fragen? Fühle ich mich einer Gruppe zugehörig? ...

c) **Bezüglich der Motivationen der Mitglieder im Hinblick auf die „Gruppenzugehörigkeit":**
Was wollen die anderen? Was wollen wir? Haben wir ein gemeinsames, konkretes Ziel? ...

d) **Bezüglich des Leiters der Gruppe:**
Hat die Gruppe einen Leiter? Wer hat im Moment überhaupt die Führung der Gruppe? Wie viele „Führer" gibt es? ...

e) **Bezüglich des Wissensvorsprungs, der Information, worüber die anderen möglicherweise verfügen, aber die sie mir im Moment vorenthalten:**
Was wissen die anderen mehr als ich? Werde ich mich blamieren, wenn ich jetzt spreche? ...

f) **Bezüglich der Möglichkeit der Befriedigung erotischer Bedürfnisse:**
Werde ich es schaffen, mit diesem oder jener engere Kontakte aufzunehmen, ohne dafür bestraft zu werden? Soll ich meine Bedürfnisse zurückstellen? Bin ich eifersüchtig? ...

g) **Bezüglich der Folgen, die Beziehungen von Gruppenmitgliedern untereinander, aber auch außerhalb des Kreises für mich haben können:**
Wird man mich auslachen? Was werden die anderen über mich sagen, wenn ich mich ganz spontan auszudrücken versuche? Was erzählen die anderen in meiner Abwesenheit über mich? ...

h) **Bezüglich der Absicherung gegen vermutete Gefahren, die in solchen Situationen entstehen können:**
Wird das eintreten, was man gehört hat? Werden alle schweigen? Werde ich die Spannung einer solchen Situation aushalten? ...

Folie 4

Zu Beginn einer Veranstaltung ist die Energie der Teilnehmer, ihre psychische Kraft, maßgeblich damit beschäftigt, auf solche Fragen detaillierte Antwort zu finden. Das bedeutet, dass für die Aneignung von Lehrinhalten in dieser Phase nur wenig psychische Energie zur Verfügung steht. Dies gilt für Teilnehmer und Dozenten gleichermaßen. Es geht also in dieser Phase der Anfangssituation primär um Positions- und Beziehungsfindungen und erst in zweiter Linie um Inhalte[12]. Dies gilt unbedingt zu beachten, sollte man als Leiter einen Seminaranfang planen.

Doch auch all dieses Wissen um die groben Richtlinien nimmt letztendlich dem Dozenten die Angst vor der Anfangssituation nicht.

---

[12] Vgl. Geißler, Karlheinz A.: Anfangssituationen. Was man tun und besser lassen sollte. 5. Auflage, Beltz, Weinheim, 1993, S. 27 - 46

3.) Die Angst des Dozenten in Anfangssituationen

Die Angst des Dozenten ist nicht nur die Angst vor den Teilnehmern, es ist die Angst vor der Situation des Anfangs, es ist auch die Angst vor sich selbst, und es ist schließlich die Angst vor der eigenen Angst.[13]

In jeder Anfangssituation verspürt der Dozent ein Gefühl von Unsicherheit, Anspannung und Erregung – es handelt sich um ein ganz besonders individuelles Erleben sowie um ein subjektives Empfinden, denn gerichtet sind die Angstgefühle auf etwas Bedrohliches, ohne dass die Ursache der Bedrohung, das bedrohliche Objekt / Subjekt, genau zu benennen wäre.

Problematisch ist hier, dass die Dozentenrolle in den meisten Fällen nicht in dem Maße durch institutionelle Macht abgesichert ist, wie dies beispielsweise im schulischen Bereich der Fall ist. Zum anderen ist die narzisstische Kränkung im Falle der sozialen Nicht-Anerkennung durch Erwachsene erheblich größer als durch Nicht-Erwachsene.[14]

Weiterhin ist die soziale Ablehnung durch Erwachsene, also durch die Teilnehmer bzw. einzelne Teilnehmer, auch eine Bedrohung des professionellen und persönlichen Ansehens.

Ein weiterer Angstfaktor wird durch die Situation des Anfangens selbst gefördert. „Anfangen bedeutet immer auch alte Sicherheiten aufzugeben, da ja in der Phase des Beginnens viele Möglichkeiten (des Gelingens und Scheiterns), also auch Risiken und Wagnisse enthalten sind.“[15]

Ziel sollte es also sein, diese Unsicherheiten – dieses „flaue Gefühl im Magen“ – zu reduzieren und das Gefühl sozialer Zugehörigkeit zu stabilisieren.

Hilfe für diesen Stabilisierungsprozess bietet ein kleiner Fragenkatalog mit Fragen, die man sich selbst vor Beginn aus Erfahrungen und Phantasien beantworten sollte, um sich ein wenig zu beruhigen. Auszugsweise habe ich in meinem Referat eine solche Fragenzusammenstellung auf einer Folie zur Darstellung und Verdeutlichung vorgestellt.[16]

„Wie wichtig darf ich mich machen, damit man mich wahrnimmt? Wie unwichtig muß ich mich machen, um nicht als anspruchsvoll zu gelten? Wie dicht darf ich an andere herangehen, um meine Kontaktwünsche zu befriedigen? Wie fern muß ich mich halten, um nicht bedrängt zu werden?

---

[13] Vgl. Geißler, Karlheinz A.: Anfangssituationen. Was man tun und besser lassen sollte. 5. Auflage, Beltz, Weinheim, 1993, S. 62 - 70

[14] Vgl. Geißler, Karlheinz A.: Anfangssituationen. Was man tun und besser lassen sollte. 5. Auflage, Beltz, Weinheim, 1993, S. 62 - 70

[15] Geißler, Karlheinz A.: Anfangssituationen. Was man tun und besser lassen sollte. 5. Auflage, Beltz, Weinheim, 1993, S. 63

[16] Geißler, Karlheinz A.: Anfangssituationen. Was man tun und besser lassen sollte. 5. Auflage, Beltz, Weinheim, 1993, S. 64

Wie offen darf ich widersprechen, um mich zu behaupten?
Wie viel muß ich widerspruchslos hinnehmen, um nicht aggressiv zu wirken?

Wie locker und spontan darf ich sein, um mich von innerer Spannung zu befreien?
Wie kontrolliert muß ich sein, um nicht zu impulsiv triebhaft zu wirken?

Wie viel darf ich von meinen Einstellungen verraten, damit die anderen mich richtig kennenlernen?

Wie viel muß ich von meinen Einstellungen zurückbehalten, um nicht zu provozierend auf andere mit abweichenden Einstellungen zu wirken?

Wie ungleichmäßig darf ich meine Zuwendung verteilen, um mein unterschiedliches Interesse an den einzelnen Gruppenmitgliedern ausdrücken zu können?

Wie gleichmäßig muß ich meine Zuwendung verteilen, um nicht solche Gruppenmitglieder zu enttäuschen, die sich von mir vernachlässigt fühlen?"

(Richter 1974)

Folie 5

Doch wie sollte man nun mit dieser Angst umgehen? Es gibt unterschiedliche Angstbewältigungsstrategien, die sich jedoch meist hinderlich auswirken.

Eine Möglichkeit besteht darin, den Teilnehmern Angst einzuflössen um die eigene Sicherheit zu gewinnen. Eine andere wäre es, extrem an tradierten Rollenmustern festzuhalten.Zzu „dozieren", sich also ins Vielreden zu flüchten, wäre eine dritte Variante.[17] Doch wohnt nach Hermann Hesse doch „jedem Anfang ein Zauber inne", den man vielleicht nutzen sollte – denn in einem Anfang kann sehr viel Attraktivität, Überraschung und Unheimliches liegen, das man nicht „verkommen" lassen sollte.

Die schwierigste aber gewinnbringendste Angstbewältigungsstrategie, die ich persönlich auch empfehlen möchte, ist deher, die Angst-Spannung einfach auszuhalten, einfach auszusitzen – zu verharren und somit die Situation zu „retten". Denn nur so kann man die Anfangssituation für sich selbst und die Teilnehmer sinnvoll gestalten und den Start in die gemeinsame Arbeit erleichtern.

---

[17] Geißler, Karlheinz A.: Anfangssituationen. Was man tun und besser lassen sollte. 5. Auflage, Beltz, Weinheim, 1993, S. 65 - 66

4.) Erwartungen und Befürchtungen der Teilnehmer

Doch nicht nur ein Dozent fürchtet die erste Seminarsitzung. Auch die Teilnehmer sind angespannt und verunsichert.

Zur Initialphase vieler Erwachsenenbildungsveranstaltungen gehört es, die Erwartungen der Teilnehmer – und in engem Zusammenhang damit auch häufig Befürchtungen – bezüglich der beginnenden Veranstaltung zu sammeln.

Methodisch umsetzbar wäre dieses zum Beispiel durch das Austeilen eines Fragebogens.

Einen kleinen Entwurf habe ich den Referatszuhörern als Folie vorgestellt[18]:

„Teilen Sie zu Beginn des Seminars einen Fragebogen aus, auf dem die Teilnehmer ihre Erwartungen und Befürchtungen zu dem Seminar darstellen können. Dieser Fragebogen hat den Sinn, dass die Teilnehmer vor sich selbst eine klare Entscheidung treffen, was sie in dem Seminar lernen wollen, und was sie von den anderen erwarten.
Dieser Fragebogen lässt sich wie folgt unterteilen:

1)   Was möchte ich in diesem Seminar lernen?
2)   Welche Erwartungen habe ich an die anderen Teilnehmer?
3)   Welche Befürchtungen habe ich?
4)   Was bin ich bereit zu investieren, damit es ein gutes Seminar wird?

(Ausbilder-Förderungszentrum, 1979)

                                                                          Folie 6

Jedoch fällt es den Teilnehmern häufig schwer zu formulieren, was sie lernen wollen und es kommt zu pauschalen und oberflächlichen Antworten.

Eine weitere Möglichkeit wären Reihum-Befragungen der Teilnehmer. Jedoch sind auch hier die Antworten meist sehr stereotyp und viele Teilnehmer schließen sich ihren Vorrednern an und erkennen die vom Vorredner artikulierte Position auch für sich als gültig an.

Im Großen und Ganzen ist es also fast zu kompliziert und unbearbeitbar, da diese Methoden in der Anfangsphase zu unberechenbar und in die Planung schwer einbaubar sind. Unberechenbarkeit führt zu einer noch größeren Verunsicherung der Teilnehmer und des Dozenten und sollte daher vermieden werden.

Sinnvoll erachte ich, das Abfragen von Erwartungen ein wenig nach hinten zu schieben und erst im Verlauf der folgenden Sitzungen anzusprechen und abzufragen.

Zum Abschluss dieses Themas habe ich in meinem Referat meinen Zuhörern ein Gedicht von Erich Kästner ohne weitere erklärende Kommentare vorgestellt[19]:

---

[18] Geißler, Karlheinz A.: Anfangssituationen. Was man tun und besser lassen sollte. 5. Auflage, Beltz, Weinheim, 1993, S. 72
[19] Geißler, Karlheinz A.: Anfangssituationen. Was man tun und besser lassen sollte. 5. Auflage, Beltz, Weinheim, 1993, S. 84

> Man soll das Jahr nicht mit Programmen
> beladen wie ein krankes Pferd.
> Wenn man es allzu sehr beschwert,
> bricht es zu guter Letzt zusammen.
>
> Je üppiger die Pläne blühen,
> um so verzwickter wird die Tat.
> Man nimmt sich vor, sich zu bemühen,
> und schließlich hat man den Salat!
>
> Es nützt nicht viel, sich rotzuschämen.
> Es nützt nichts, und es schadet bloß,
> sich tausend Dinge vorzunehmen.
> Laßt das Programm! Und bessert euch drauflos!
>
> Erich Kästner

Folie 7

5.) Seminarregeln als Lernkontakt

Am Anfang erwarten die Teilnehmer auch, dass der Dozent Regeln für eine aufzubauende Interaktion setzt, beziehungsweise maßgeblich mitbestimmt. Inhaltlich kann der Lern - / Lehrprozess nur dann produktiv voranschreiten, wenn seine interaktive Basis relativ deutlich wird, wenn also Regeln verabredet wurden.

Wichtig ist, dass in den Regeln nur das benannt wird, was aus der Sicht des Dozenten neu, überraschend oder verunsichernd ist; also alles, was nicht den alltäglichen Handlungsmustern der Kurzteilnehmer entspricht.

Zu beachten ist hier aber: was für den Dozenten selbstverständlich ist, ist noch lange nicht unproblematisch für den die Veranstaltung besuchenden Teilnehmer.

Einen beispielhaften Regelkatalog habe ich in meinem Referat anhand einer Folie verdeutlicht: [20]

Seminarregeln:

1) Gehen Sie davon aus, dass Sie Lernbedürfnisse haben, die Ihre Kollegen im Seminar nicht wissen, die auch die Seminarleiter nur ahnen können.
2) Gehen Sie davon aus, dass Sie Ihren Lernprozeß selbst steuern können, d.h., dass Sie durch Ihre Initiativen die Kollegen und die Seminarleitung für die Befriedigung Ihrer Lernbedürfnisse einsetzen können.
3) Versuchen Sie die Vorstellungen, die Sie von den möglichen Lernergebnissen haben, immer wieder zum Ausdruck zu bringen.

---

[20] Geißler, Karlheinz A.: Anfangssituationen. Was man tun und besser lassen sollte. 5. Auflage, Beltz, Weinheim, 1993, S. 90 / 91

4) Wenn Sie Ihre Lernbedürfnisse unbefriedigt sehen, fragen Sie danach, was Sie selbst und die anderen zur möglichen Befriedigung beitragen können, und welche Initiativen diesen Zustand beheben könnten.
5) Unterbrechen Sie das Gespräch, wenn Sie wirklich nicht teilnehmen können, wenn Sie z.b. gelangweilt oder ärgerlich sind oder sich aus einem anderen Grund von dem Geschehen in der Gruppe isoliert fühlen.
6) Machen Sie nicht nur Aussagen zum Inhalt (Stoff), sondern machen Sie auch öfters persönliche Aussagen.
7) Stellen sie sich den Lernprozeß als gegenseitigen vor: Dass Sie für den Dozenten und die Kursleitung wichtig sind und der Dozent und die Kursleitung auch für Sie.

Folie 8

Einerseits beschreiben diese Regeln, welches Verhalten sein soll und andererseits machen sie deutlich, was nicht sein sollte und sein darf.

Regeln sind wichtig in Seminaren, da sie eine Struktur vorgeben – eine Struktur, die es erleichtert, sich zu orientieren und die einen sozialen Rahmen erschafft. Der „leere Raum" füllt sich hier langsam mit Inhalten und Sicherheiten für die Teilnehmer, was eine wichtige Aufgabe von Anfangsmethoden darstellt.

Im Weiteren möchte ich gern weitere Aufgaben sichtbar machen.

6.) Aufgaben von Anfangsmethoden

Die Aufgaben von Anfangsmethoden habe ich in meinem Referat anhand einer Folie verdeutlicht, die ich aus Günther Gugels „Methoden-Manual I" entnommen habe:[21]

Anfangsmethoden müssen mehrere Aufgaben erfüllen:
- sie sollen mithelfen, die TeilnehmerInnen untereinander bekannt zu machen, insofern sollen sie erste Informationen über die TeilnehmerInnen, ihren persönlichen Hintergrund, ihre Interessen usw. liefern;
- sie sollen Erwartungen an Thema und Seminarverlauf sichtbar machen;
- sie sollen das Interesse der TeilnehmerInnen am Thema wecken, indem sie eigene Einstellungen dazu verdeutlichen, erste Probleme und Fragestellungen aufwerfen
- sie sollen, wo immer dies möglich ist, einen ersten Zugriff zum Thema schaffen.

Folie 9

In dieser Auflistung der Aufgaben findet sich eine Zusammenfassung der von mir bisher bereits behandelten und vorgestellten Themen.

7.) Hilfestellung für Teilnehmer

Genau wie die Aufgaben von Anfangsmethoden habe ich auch hier eine Folie zur Vermittlung des Inhaltes genutzt[22]:

---

[21] Gugel, Günther: Methoden-Manual I. „Neues Lernen" Tausend Praxisvorschläge für Schule und Lehrerbildung. Beltz Grüne Reihe, Weinheim, 1997, S. 45
[22] Gugel, Günther: Methoden-Manual I. „Neues Lernen" Tausend Praxisvorschläge für Schule und Lehrerbildung. Beltz Grüne Reihe, Weinheim, 1997, S. 45

Für die TeilnehmerInnen ist es zu Beginn eines Seminars hilfreich und wichtig, wenn
- sie etwas über die anderen TeilnehmerInnen erfahren: Was sind das für Leute? Woher kommen sie? Welche Ansichten haben sie? Gibt es Cliquen, die gekommen sind? Wo stehe ich dabei?
- sie etwas über die Leitung erfahren: Wie verhält sich die Seminarleitung? Was wird von den TeilnehmerInnen erwartet? Wie ist der Arbeitsstil?
- sie etwas über den geplanten Seminarverlauf und den gemeinsamen Arbeitsstil erfahren: welche thematischen Aspekte sollen aufgegriffen werden? Wie sind die Arbeitszeiten? Wie wird das Thema erarbeitet?

Folie 10

Diese Folie diente mir als Zusammenfassung der Kapitel drei und vier und sollte ein Fazit meines Theorieteils und einen Übergang zu meinem praktischen Teil darstellen.

8.) Redner und Schweiger in Anfangssituationen

Interessant innerhalb dieses Kontextes ist es, zu betrachten, welche Rolle die Teilnehmer innerhalb der Gruppe einnehmen.

Es gibt drei verschiedene Typen von Teilnehmern: die Vielredner, die „Ab-und-an-mal-etwas-Sager" und die Schweiger, wobei man diese wiederum in produktive und unproduktive unterteilen kann.Währende produktive Schweiger dem Seminarverlauf schweigend folgen und mitdenken, sind die unproduktiven Schweiger eher Widerständler, die sich gegen das Seminargeschehen wenden. Die Mischung aus diesen Typen ergibt das Zusammenspiel einer Gruppe. Dem Dozenten fallen besonders die Schweiger auf, die eine Beobachterposition beziehen, während den Teilnehmern hingegen vielmehr die Vielredner auffallen, die ihr Glück im aktiven Handeln suchen. [23]

Interessant hierbei ist die Verteilung innerhalb einer Gruppe. Diese habe ich versucht in meinem Referat durch eine praktische Übung aufzuzeigen. Jeder Teilnehmer erhielt von mir drei verschiedenfarbige Zettel, welche beschriftet waren mit „Schweiger produktiv / unproduktiv", „Vielredner" und „Ab-und-an-etwas-Sager". Die Aufgabe bestand nun darin, den für sich passenden Notizzettel anonym auf den Tisch zu legen, damit ich, als Referentin, diesen an der Tafel anbringen konnte, um ein farbiges und optisch ansprechendes Ergebnis zu erzielen.

Das Ergebnis war für mich sehr interessant, da ich nach meinem bisherigen Empfinden mit der Gruppe ähnliche Ideen hatte.

Abgeben wurden 20 Zettel und eine graphische Darstellung des Ergebnisses möchte ich hier anfügen:

---

[23] Vgl. Geißler, Karlheinz A.: Anfangssituationen. Was man tun und besser lassen sollte. 5. Auflage, Beltz, Weinheim, 1993, S. 108 - 120

14

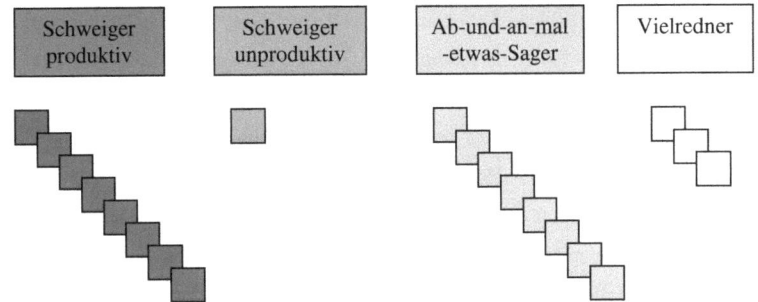

| Schweiger produktiv | Schweiger unproduktiv | Ab-und-an-mal -etwas-Sager | Vielredner |

Auffällig war bei der Ergebnisanalyse, dass nur drei Vielredner und acht „Ab-und-an-mal-etwas-Sager" das Seminargeschehen mitbestimmen. Also sind nur 55 % der Seminarteilnehmer Redner, während die restlichen 45 % schweigend dem Seminarverlauf folgen.

Das Wissen um eine solche Gruppenzusammenstellung, die zudem sehr stereotyp ist, erleichtert die Anfangsrolle des Dozenten ungemein, in dem es ihm eine Art Sicherheit nicht allein dazustehen, projiziert.

9.) Spiele in Anfangssituationen

Zuerst einmal ist das Vokabular „Spiel" hier nicht vollkommen zutreffend. „Gruppendymanische Übung" ist der passende Fachterminus. Jedoch habe ich mich entschieden, der Einfachheit halber, in meinem Referat dem Begriff des Spieles treu zu bleiben, und ihn nur mit einem kurzen Verweis weiterhin zu benutzen.

Beginnen bedeutet, wie nun schon mehrfach erwähnt, sich in eine Situation zu begeben, die fast lauter unbekannte Größen enthält. Es ist zuweilen üblich geworden, die Anstrengungen des Aufbaus sozialer Beziehungen durch „Spiele" zu erreichen. Dozenten erhoffen sich weniger Frustrationen und ein leichteres „Sich-gegenseitig-kennenlernen" sowie die Reduzierung des Kompetenzgefälles zwischen Dozent und Teilnehmer, denn ein „Spiel" erfüllt den Wunsch nach Zuwendung, nach Bewegung, nach freiem „Miteinander-etwas-machen".[24]

Die Charakteristika des Spiels sind: Freiwilligkeit, Regelhaftigkeit, Selbstzweckcharakter und die Abtrennung vom Alltagsleben.[25]

---

[24] Vgl: Geißler, Karlheinz A.: Anfangssituationen. Was man tun und besser lassen sollte. 5. Auflage, Beltz, Weinheim, 1993, S. 96 - 106
[25] Geißler, Karlheinz A.: Anfangssituationen. Was man tun und besser lassen sollte. 5. Auflage, Beltz, Weinheim, 1993, S. 102

Jedoch ist ganz wichtig zu beachten, dass man im „Spiel" nicht die Realität verschleiert und dieses in den gesamten Ablauf der Veranstaltung einbindet und mit einbezieht.

Anbieten tun sich zum Beispiel gruppendynamische Übungen, in denen man die Namen der Seminarteilnehmer erlernen kann. Diese sind förderlich für das weitere Geschehen und verbinden Realität und Spiel miteinander.

Während ich bereits mein Referat mit einem „Spiel" eröffnete, versuchte ich nun auch das Ende mit einer gruppendynamischen Übung zu gestalten um den Rahmen zu schließen. So entschied ich mich, zusammen mit der Gruppe, das „Vier-Ecken-Spiel"[26] zu praktizieren.

Bei diesem „Spiel" geht es darum, eine Auswahl aus jeweils vier verschiedenen Antwortmöglichkeiten zu treffen, die der eigenen Meinung am nächsten kommt. Alle Teilnehmer befinden sich am Anfang in der Mitte des Raumes. Die Spielleitung stellt dann eine Frage mit vier verschiedenen Antworten, wobei jede Antwort für eine Ecke des Raumes steht. Die Teilnehmer begeben sich dann in die Ecke, für die sie sich entschieden haben und können sich dort kurz vorstellen und sich über die Entscheidung austauschen. Ich wählte als Oberthema „Lieblingsliteratur" aus und stellte als Antwortmöglichkeiten „Schöngeistliches / Klassiker", „Fantasy", „Kriminalliteratur" und „ich lese nicht" zur Auswahl. Nach einem kurzen Austausch in den Gruppen beendete ich diese Übung und mein Referat.

Ich persönlich empfinde das „Vier-Ecken-Spiel" als eine sehr gelungene Methode zum Kennenlernen und „Eis brechen" – die Atmosphäre lockert sich etwas auf und der Einstieg in das Seminar wird um einiges erleichtert.

10.) Fazit

Mein persönliches Fazit zu diesem Referatsthema ist, dass es sehr interessant und lehrreich für mich selbst und auch die Gruppe war. Jeder weiß, dass ein Anfang schwer zu finden ist, und von daher ist die Beschäftigung mit Anfangssituationen deshalb so wichtig, weil man die Situation besser einschätzen und vielleicht mit dem richtigen Werkzeug sogar ohne das „flaue Gefühl im Magen" ein Seminar beginnen kann. Angst bleibt immer, aber man kann sie mit den richtigen Methoden etwas abschwächen und sich selbst den Einstieg immens erleichtern.

Mir hat die Auseinandersetzung mit dem Thema Freude bereitet und es war interessant, dass ich mich selbst bei, Halten meines Referates sicherer im Umgang mit den Methoden gefühlt habe.

---

[26] Vgl. Gugel, Günther: Methoden-Manual I. „Neues Lernen" Tausend Praxisvorschläge für Schule und Lehrerbildung. Beltz Grüne Reihe, Weinheim, 1997, S. 46

11.) Literaturverzeichnis

Geißler, Karlheinz A.: Anfangssituationen. Was man tun und besser lassen sollte. Beltz, Weinheim 1993

Gugel, Günther: Methoden Manual I, „Neues Lernen" Tausend Praxisvorschläge für Schule und Lehrerbildung, Beltz Grüne Reihe, Weinheim 1997

Klein, Zamyat M. : Kreative Seminarmethoden.100 kreative Methoden für erfolgreiche Seminare. Gabal, Offenbach 2003

12.) Anhang

In dem Anhang zu meiner Referatsverschriftlichung möchte ich gern mein Handout, dass ich jedem Seminarteilnehmer aushändigte, vorstellen:

Referentin: Katharina Giers
Datum: 23.01.2007

Anfangssituationen

„Jedem Anfang wohnt ein Zauber inne." Hesse

„Du musst sehr geduldig sein. Du setzt dich zuerst ein wenig abseits von mir ins Gras. Ich werde dich so verstohlen aus den Augenwinkeln anschauen, und du wirst nichts sagen... Aber jeden Tag wirst du dich ein wenig näher setzen können." Saint-Exupéry

„Am Anfang war die Tat." Goethe

Die Soziodynamik von Anfangssituationen
- Anfangssituationen <u>ähneln</u> sich trotz der Verschiedenheit von Teilnehmern und Dozenten, trotz der Unterschiede in der Themenstellung, in der Zielsetzung und den räumlich-zeitlichen Bedingungen
  - o → kollektive Stimmung resultiert aus der gegenseitigen Fremdheit
    - ▪ paradox formuliert: Die Gemeinsamkeit der Beteiligten ist, dass sie (noch) nichts gemeinsam haben.
    - ▪ gemeinsam haben sie nur: Unsicherheit, Angst, Desorientierung
- Dozent stellt in der unstrukturierten, unübersichtlichen „leeren Situation" den zentralen, deutlich sichtbaren, institutionell herausgehobenen Orientierungspunkt dar
  - o Erwartungen auf ihn gerichtet
  - o seine Aufgabe: sich dieser Erwartungen bewusst werden
    - ▪ man erwartet, dass er initiativ wird
- auch wenn sich der Dozent gern als „Gleicher unter Gleichen" sieht, ist er es nicht → Dozent = der einzige Prominente in dieser Situation
- <u>in dieser Phase ist die Energie der TeilnehmerInnen hauptsächlich auf den Beziehungsaufbau und die Orientierung gerichtet, so dass für die Aneignung von Lerninhalten hier keine Kraft verfügbar ist</u>

Die Angst des Dozenten in Anfangssituationen
- Gefühl von Unsicherheit, Anspannung und Erregung
- Angst vor:
  - ▪ der Situation
  - ▪ den TeilnehmerInnen
  - ▪ sich selbst
  - ▪ der eigenen Angst
- häufiger Verfall in Angstbewältigungsstrategien, die <u>nicht</u> förderlich für die Situation sind:
  - ▪ Angst einflößen
  - ▪ extreme Rollenbetonung → Festhalten an tradierten Rollenmustern
  - ▪ „dozieren" → Flucht durch Reden
→ Angstsituation muß einfach „ausgesessen" werden, denn in einem richtigen Anfang können so viele Überraschungen <u>und Attraktivitäten</u> stecken

<u>Erwartungen und Befürchtungen der Teilnehmer</u>
- zur Initialphase gehört es, die Erwartungen – und die damit häufig verknüpften Befürchtungen – zu sammeln
- methodisch umsetzbar wäre dies durch das Austeilen eines Fragebogens
- hinderlich wäre z.b. eine Reihum-Befragung:
  - Antworten meist stereotyp
  - viele Teilnehmer neigen dazu, sich Vorrednern anzuschließen und die zuvor artikulierte Position auch für sich gültig anzuerkennen
  - → er fällt schließlich schwer zu formulieren, was man lernen <u>will</u>
- sinnvoll: die Abfrage von Erwartungen ein wenig nach hinten zu verschieben und den Teilnehmer zuerst einmal die Chance geben, einander kennenzulernen

<u>Seminarregeln als Lernkontakt</u>
- am Anfang erwarten die Teilnehmer, dass der Dozent Regeln für eine aufzubauende Interaktion setzt
- wichtig ist, dass in den Regeln nur das benannt wird, was aus der Sicht des Dozenten neu, überraschend und verunsichernd ist; also alles, was nicht den alltäglichen Handlungsmustern der Kursteilnehmer entspricht
- Wichtig(!): was für den Dozenten selbstverständlich ist, ist noch lange nicht unproblematisch für den die Veranstaltung besuchenden Teilnehmer

<u>Aufgaben von Anfangsmethoden</u>
Anfangsmethoden müssen mehrere Aufgaben erfüllen:
- sie sollen mithelfen, die Teilnehmer untereinander bekannt zu machen, insofern sollen sie erste Informationen über die Teilnehmer, ihren persönlichen Hintergrund, ihre Interessen usw. liefern;
- sie sollen Erwartungen an Thema und Seminarverlauf sichtbar machen;
- sie sollen das Interesse der Teilnehmer am Thema wecken, indem sie eigene Einstellungen dazu verdeutlichen, erste Probleme und Fragestellungen aufwerfen
- sie sollen, wo immer dies möglich ist, einen ersten Zugriff zum Thema schaffen.

<u>Was ist für die Teilnehmer von zentraler Bedeutung?</u>
Für die Teilnehmer ist es zu Beginn eines Seminars hilfreich und wichtig, wenn
- sie etwas über die anderen Teilnehmer erfahren: Was sind das für Leute? Woher kommen sie? Welche Ansichten haben sie? Gibt es Cliquen, die gekommen sind? Wo stehe ich dabei?
- sie etwas über die Leitung erfahren: Wie verhält sich die Seminarleitung? Was wird von den Teilnehmer erwartet? Wie ist der Arbeitsstil?
- sie etwas über den geplanten Seminarverlauf und den gemeinsamen Arbeitsstil erfahren: welche thematischen Aspekte sollen aufgegriffen werden? Wie sind die Arbeitszeiten? Wie wird das Thema erarbeitet?

<u>Redner und Schweiger in Anfangssituationen</u>
- 3 Typen von Rednern
  - Vielredner
  - Ab-und-an-mal-was-Sager
  - Schweiger (produktive vs. unproduktive)
- dem Dozenten fallen zuerst besonders die Schweiger auf, während den übrigen Teilnehmer vorerst die Vielredner auffallen

<u>Spiele in Anfangssituationen</u>

- üblich geworden, die Anstrengungen des Aufbaus sozialer Beziehungen durch „Spiele" zu erleichtern
- Dozenten erhoffen sich weniger Frustration und ein leichteres „Sich-gegenseitig-Kennenlernen" sowie die Reduzierung des Kompetenzgefälles zwischen Dozent und Teilnehmer
- zentrale Charakteristika des Spiels:
  - Freiwilligkeit, Regelhaftigkeit, Selbstzweckcharkter, Abtrennung vom Alltagsleben
- wichtig (!): keine Realitätsverschleierung, Einbindung in den gesamten Ablauf der Veranstaltung